HOLGER SEUSS

# ICH BIN DANN MAL WIEDER DA

novum pro

www.novumverlag.com

Bibliografische Information
der Deutschen Nationalbibliothek:

Die Deutsche Nationalbibliothek
verzeichnet diese Publikation in
der Deutschen Nationalbibliografie.
Detaillierte bibliografische Daten
sind im Internet über
http://www.d-nb.de abrufbar.

Alle Rechte der Verbreitung,
auch durch Film, Funk und Fernsehen,
fotomechanische Wiedergabe,
Tonträger, elektronische Datenträger
und auszugsweisen Nachdruck,
sind vorbehalten.

Gedruckt in der Europäischen Union
auf umweltfreundlichem, chlor- und
säurefrei gebleichtem Papier.

© 2023 novum Verlag

ISBN 978-3-99146-149-4
Lektorat: Susanne Schilp
Umschlagfoto:
Vita Popova | Dreamstime.com
Umschlaggestaltung, Layout & Satz:
novum Verlag

www.novumverlag.com

# Inhaltsverzeichnis

Widmung .................................... 7
Einleitung ................................... 9
Rück- und Ausblick .......................... 11
Der lange Weg zurück!
Erinnerungen der Ehefrau Doris ................ 16
   1. Teil ................................... 16
Zeit der Dunkelheit .......................... 22
Der lange Weg zurück!
Erinnerungen der Ehefrau Doris ................ 28
   2. Teil ................................... 28
Zeit der Hilflosigkeit ......................... 34
Der lange Weg zurück!
Erinnerungen der Ehefrau Doris ................ 45
   3. Teil ................................... 45
Zeit der Rehabilitation ....................... 47
Zeit der Neuorientierung ..................... 52
Einweisungsdiagnosen der Herzklinik .......... 57
Operationen ................................ 58
Auszug aus der Entlassungsanzeige
der Herzklinik .............................. 59
   *Mehrfachnennungen entsprechen den Unterlagen*
   *und weisen auf wiederkehrende*
   *Erkrankungserscheinungen hin!* ............... 59
Zukunftsplanung ............................ 62
Ein Jahr später .............................. 63
Therapietipps ............................... 67

# Widmung

Dieses Büchlein widme ich meiner geliebten Frau Doris, die als Co-Autorin und Lektorin superfleißig war, meinen geliebten Kindern Jan-Philip, Johanna und Frederik sowie allen, die mich in der Zeit meiner Abwesenheit ehrlich vermisst haben und uns in Gedanken, Gebeten und Hilfestellungen für meine Frau unterstützt haben!

Weiterhin muss ich dem Kardiologischen OP-Team des Klinikums Bayreuth von Herzen danken. Was sie an mir geleistet haben, es verdient Hochachtung!

Meine Mädels von der Praxis haben wie selbstverständlich Mehrarbeitsstunden in Kauf genommen, um den Betrieb weiter am Laufen zu halten und meine Frau mit Optimismus unterstützt, als noch nicht sicher war, ob ich jemals wieder auf die Beine kommen würde. Ihr seid toll! Ich bin so glücklich, dass ich mit Euch noch kommunizieren darf!

Euch allen sei von ganzem Herzen gedankt!

# Einleitung

Dies ist der Versuch einer Verarbeitung der Geschehnisse, die mich seit Oktober 2021 verfolgen und mein Leben, speziell mein Gefühlsleben, komplett umgekrempelt haben. Bei der Niederschrift und bei jedem Korrekturlesen schießt mir selbst immer wieder das Wasser in die Augen. Die Erlebnisse, die meine liebe Frau Doris und ich in den Zeiten der intensivmedizinischen Betreuung aus so unterschiedlicher Perspektive beschreiben, scheinen manchmal widersprüchlich zu sein, entsprechen aber unserer persönlichen Wahrnehmung und den Aufzeichnungen meiner Frau. Um einen objektiven Rahmen zu schaffen, habe ich die mir zugänglichen Fakten aus den Unterlagen der Kardiologischen Klinik ergänzend eingefügt.

Ich möchte nicht als „Klugscheißer" verstanden werden, wenn ich auf Erlerntes, Erfahrungen, Gelesenes und Beobachtungen aus über 35 Jahren Berufspraxis zurückgreife, die mein Leben und meine Wahrnehmung geprägt und beeinflusst haben. Allerdings glaube ich, dass Mitmenschen mit unterschiedlichsten Hintergründen etwas mit dieser Niederschrift anfangen können und daraus Anregungen, Hoffnung und Erfolgsorientierung mitnehmen. Ich würde mir wünschen, dass an entsprechenden Stellen ein Umdenken und eine Neuorientierung stattfinden, um ähnlich Betroffenen gleichartige Erfahrungen zu ersparen!

Die „Zeit der Dunkelheit" bitte ich langsam und bewusst wirken zu lassen, um die einzelnen Gedanken, die mein Gehirn, als es wieder aus dem Koma zurück war, zermartert haben, wurden entsprechend Leerzeilen eingefügt. Es könnte sein, dass Sie ein paar Taschentücher benötigen werden!

# Rück- und Ausblick

Hintergrund für das Schreiben dieses Büchleins war die Tatsache, und da klopfe ich auf Holz, dass es mir mittlerweile knapp ein Jahr nach meiner Operation so gut geht, dass ich es im Grunde kaum fassen kann. Was mir an Lebenszeit noch zur Verfügung steht, ich weiß es natürlich nicht! Meine Frau bat mich, meine aktuelle Situation im Vorfeld zu schildern, um nicht die geneigte Leserschaft durch Schilderung der Geschehnisse abzuschrecken, sondern auf eine Perspektive zu verweisen. Zur Beschreibung meiner momentanen Verfassung muss ich etwas weiter ausholen. Ich bin seit über 35 Jahren in der Physiotherapie tätig, anfänglich als Masseur und medizinischer Bademeister, auch in leitender Lehrtätigkeit, seit 1997 als Physiotherapeut, und ich betreibe Osteopathie seit über 20 Jahren, seit 1999 in eigener Praxis. Bereits im Jahr 2002 rutschte ich morgens um halb sechs über eine Stufe in unserem Haus. Die von mir selbst vor Ort und später röntgenologisch bestätigte Diagnose lautete Tibiaspiralfraktur, also ein Drehbruch des Schienbeinknochens, wegen meiner eigenen Einschätzung hatte ich keinen Versuch aufzustehen unternommen, also lagen alle Knochenfragmente an Ort und Stelle. Fünf Monate nach der Operation stellte sich eine Blutvergiftung heraus, die auf Eiter gelagerte Metallplatte wurde entfernt, sechs weitere Eingriffe mit Spülung und Antibiose folgten und nach vier weiteren Monaten war mein Schienbeinknochen trotz wöchentlich zweier Nachbehandlungstermine immer noch ohne Hautüberzug, es verblieb eine spindelförmige Öffnung von etwa zwölf Zentimeter Länge. Ich nahm die Behandlung selbst in die Hand und nach zwei Umschlägen mit desinfizierendem Teebaumöl und zweimaliger Honigauflage ist die Wunde seitdem verschlossen. Es verblieb eine hässliche eingezogene Narbe, aber immerhin besser, als keinen Unterschenkel mehr zu haben! Heute würde ich das nicht mehr operieren lassen, aber in jenen Tagen hatte ich noch mehr Vertrauen in ärztlich verordnete Maßnahmen.

Mein gesundheitlicher Zustand in den letzten Jahren verschlechterte sich zunehmend, ein großes Arbeitspensum und die Unfähigkeit, nein zu sagen, prägten mein Berufsleben. Mit der Zeit nahmen allgemeine Lustlosigkeit, Nachlassen der Kreativität, Antriebslosigkeit und bleierne Müdigkeit immer mehr zu. Zwar hatte ich grundsätzlich noch Freude an der Arbeit, aber insgeheim wünschte ich mir ein halbes oder dreiviertel Sabbatjahr, um in Büro, Haus und Garten dringend anstehende Arbeiten planvoll erledigen zu können. Von Familienleben wollen wir hier nicht sprechen! Unsere wohlgeratenen Kinder Jan-Philip, Johanna und Frederik können ein Lied davon singen, dass der Papa teilweise von 7 bis 22 Uhr in der Praxis arbeitete, die Nächte mit Büroarbeit verbrachte und nur am Wochenende für den einen oder anderen Familienausflug zur Verfügung stand. Diese Beobachtungen mögen wohl der Grund dafür sein, dass keines meiner Kinder beruflich in meine Fußstapfen getreten ist. Ein zweiwöchiger Urlaub pro Jahr und unzählige Wochenenden mit anspruchsvollem Fortbildungsprogramm ohne Freizeitausgleich waren die Normalität. Zeit fürs notwendige Lernen für zum Beispiel das Examen in der Osteopathie war nicht vorhanden. Außerdem stand und steht ein schon zehn Jahre altes alternatives Rückenschulkonzept kurz vor der Fertigstellung. Inzwischen wird es durch ein Beckenstabilisationsprogramm ergänzt, das mir wegen schmerzhafter Eigenerfahrung nun besonders am Herzen liegt. Aber durch chronischen Personalmangel und das irrige Gefühl, in der Praxis unentbehrlich zu sein, schlitterte ich auf ein, den Begriff verwende ich nur ungern, Burnout-Syndrom zu. Wahrscheinlich war ich schon jahrelang davon betroffen, aber ich habe den Absprung einfach nicht geschafft, konnte aus der Tretmühle nicht entkommen, weil ich mich gar nicht mehr richtig einzuschätzen verstand. Ich würde mir sehr wünschen, vielen Menschen ähnliche Erfahrungen ersparen zu können!

Der Erreger, der mein Herz befiel, stammt wahrscheinlich aus dem Mundraum, aber ich wüsste nicht, bei welcher Gelegenheit er in die Blutbahn hätte gelangen sollen. Chronische bleierne Müdigkeit machte mir schwer zu schaffen, aber auch die Schilddrüse war unauffällig. Sobald ich ohne Aufgabe oder Ansprache saß, schlief ich ein. Selbst im Stehen ertappte ich mich manchmal, ein paar Augenblicke weg gewesen zu sein. Längere Autofahrten überließ ich gerne meiner Frau, die in dieser Phase auch keinen Ausweg wusste, ebenso wenig wie der Hausarzt. Geschwollene Beine und beständige Unterschenkelentzündungen plagten mich außerdem.

Ärztliche Einschätzungen und Maßnahmen enttäuschen mich schon lange, haben mir schon in der Vergangenheit ordentlich körperlichen Schaden zugefügt und etliche medizinische Paradigmen halte ich nach eigenen Erfahrungen und kritischen Beobachtungen mittlerweile für ausgemachten Unfug, nicht logisch, der Physiologie widersprechend, auf Annahmen basierend, seit Generationen unreflektiert gelehrt und gelernt und an Körperverletzung grenzend, aber dieses Thema würde allein ein Buch füllen!

Nachdem ich eine Erklärung für meinen Zustand gesucht hatte, wobei mir mein seinerzeitiger Hausarzt nicht wirklich hilfreich war, nahm ich Kontakt zu einem Kardiologen auf, von dessen Engagement für seine Patienten mir von mehreren Seiten berichtet worden war. Anfang des Jahres wurde ich per Herzkatheter untersucht, wobei sich keine Engstellen der Herzkranzgefäße feststellen ließen, auch waren keine bedenklichen Ablagerungen zu erkennen. Bei dieser Gelegenheit wurden auch Proben aus dem Herzmuskel entnommen, weil eine seltene Stoffwechselerkrankung möglich schien, aber keine Bestätigung erfolgte. Fragen Sie mich nicht, was meine private Krankenversicherung dafür erstatten musste! Ich sollte eine umfangreiche Medikation zu mir nehmen, die definitiv nichts an meinem Zustand änderte, also setzte ich sie nach einem Vierteljahr ab, auch keine Veränderung! Pfingsten erhielt ich meine zweite Impfung gegen Covid-19, was mich aus der Bahn warf und zwei Wochen ans Bett fesselte. Wie mit angezogener Handbremse ging es weiter. Wahrscheinlich wäre es sinnvoll gewesen, die Impffolgen ärztlicherseits dokumentieren zu lassen, aber rückwirkend geht das jetzt nicht mehr. Mitte des Jahres bekam ich ein Zahnimplantat eingesetzt, mit antibiotischer Begleitung, um eine Infektion zu verhindern. Gegen Herbst allerdings verschlimmerte sich mein Zustand dermaßen, dass mich meine Frau aus dem Verkehr zog.

Mein derzeitiger Hausarzt, zu dessen Praxis ich mich zwei Tage vor dem Zusammenbruch nur mit Mühe die Eingangsstufen hochhangeln konnte, verschrieb mir ein Nasenspray und einen Inhalator, um mögliche Erreger in den Nasennebenhöhlen zu töten! Das half mir natürlich nicht gegen die Erschöpftheit! An die folgenden Tage habe ich eine nur vage Erinnerung. Am Tag meiner Einweisung erinnere ich mich an einen Kollaps auf der Treppe im Haus und den Anruf meiner Frau, um einen Krankentransport zu bestellen. An diesem Tag war eine Urlaubsfahrt an die Ostsee geplant, meine liebe Frau hatte bereits das Auto bepackt, im Rückblick wäre ich wahrscheinlich bereits auf der Fahrt gestorben.

Mittlerweile bin ich wieder im Arbeitsleben angekommen. Ich arbeite nur noch vier Tage in der Woche und konnte die chronische Müdigkeit deutlich reduzieren.

Ich habe sogar das Gefühl, mir geht es besser als noch vor Jahren. Somit sind die Schilderungen im Kapitel „Zeit der Neuorientierung" fast schon wieder überholt! Den verordneten Beta-Blocker, der mein Herz schonen sollte, habe ich nach Rücksprache abgesetzt und seither gehört das Schwindelgefühl beim Aufstehen der Vergangenheit an und das bei akzeptablen Blutdruckwerten; außerdem wurde dadurch die lästige Entwässerungsmaßnahme hinfällig. Ein Segen! So lässt sich wieder genussvoll das Leben leben! Ich habe eine halbwegs brauchbare Kondition, meine Kreativität ist zurück und ich arbeite an einer gesunden Work-Life-Balance! Zwar kämpfe ich immer noch mit einer Reihe von Handicaps, aber ich will alle in einer ähnlichen Situation befindlichen Menschen ermutigen zu kämpfen, es lohnt sich!

# Der lange Weg zurück!
# Erinnerungen der Ehefrau Doris

## 1. Teil

Nach einer langen Zeit der Erschöpfung, Abgeschlagenheit und Perspektivlosigkeit nimmt das Drama am 12.10.21 seinen Lauf. Holger kommt früher von der Praxis nach Hause, weil er total erschöpft ist und Schüttelfrost hat. Elf Tage verbringt er hier, schläft extrem viel, hat auch mal wache Momente, aber eher wenige. Er kann sich schwer bewegen, sein Becken und sein Rücken schmerzen.

Am Donnerstag, dem 21.10.21, bringe ich Holger zum Hausarzt. Er schleppt sich die vier Stufen zur Praxis mühevoll hoch. Andere wartende Patienten schauen ihn an, als ob er betrunken wäre. Diagnose? Fehlanzeige! Der Arzt verschreibt ihm ein Nasenspray und einen Inhalator.

Urlaub ist geplant, wir wollen an die Ostsee, mal das Hirn durchpusten lassen. Spazieren gehen, was anderes sehen und hören. Ich habe die Koffer gepackt, im Auto verstaut, Ad-Blue nachgefüllt, vollgetankt – alles bereit. Holger badet noch, will unbedingt mit, ich soll Krücken mit einpacken, da er sich kaum alleine aufrecht halten kann. Als er aus der Wanne kommt und die Treppe herunterläuft, klappt er dort zusammen. Mit Ricky beratschlage ich, was wir machen sollen und auch verantworten können. Ricky ist in solchen Momenten immer recht besonnen und kopfgesteuert – zum Glück!

Zuerst probiere ich es über den Bereitschaftsdienst – aber kein Durchkommen. Also dann doch die 112. Habe fast ein schlechtes Gewissen, ob es denn tatsächlich schlimm genug ist, um den Dienst in Anspruch zu nehmen.

Ich sage den Urlaub ab! Natürlich keine Versicherung abgeschlossen. Ganz toll!

Der Rettungswagen fährt vor. Ich berichte von den Symptomen – auch, dass er schon Sensibilitätsausfälle auf der linken Seite hat. Holger ist relativ gut ansprechbar. Er kann noch vor der Haustüre alleine auf die Liege steigen. Der Arzt erklärt mir, beim nächsten Mal könne ich ruhig früher anrufen. Also höchste Eisenbahn! Wie ist meine Wahrnehmung, irgendetwas in Anspruch zu nehmen?! Im Rettungswagen werden schon die ersten Untersuchungen durchgeführt. Der Wagen steht mindestens noch 15 bis 20 Minuten vor unserem Haus. Sie bringen Holger ins Kulmbacher Klinikum. Dort landet er sofort auf der Intensivstation.

Der erste Verdacht lautet: Endokarditis (Herzmuskelentzündung) oder eine Sepsis (Blutvergiftung).

Sonntag besuche ich Holger auf der Intensivstation. Er beschwert sich über eine Ärztin, die wohl recht grob irgendeinen Zugang gelegt hat. Er mault rum, dass er lieber nach Hause will oder wenigstens eine rauchen. Die Schwester gehört nicht zur freundlichsten Gattung, aber sie besorgt ein Nikotinpflaster und informiert den behandelnden Arzt, dass Holger etwas zur Beruhigung braucht, damit es ihm, wie der Arzt so schön sagt, im Klinikum besser gefällt.

Nachdem wir ja offiziell Urlaub haben, bin ich zu Hause und grübele vor mich hin. Am Montagmorgen dann ein Anruf vom Klinikum: Holgers Zustand hat sich rapide verschlechtert, sie mussten ihn ins künstliche Koma legen und beatmen. Es wird davon ausgegangen, dass etwas mit den Herzklappen nicht passt. Sie stellen Anfragen an die Kardiologiekliniken in Bayreuth und Bad Neustadt; wo sie ihn zuerst aufnehmen können, dort soll er hingebracht werden. Ich bewege mich wie in einer Blase, kann kaum denken. Telefoniere mit Ole und Daniela aus unserem Praxisteam, weil ich keine Ahnung habe, was das alles zu bedeuten hat. Sie versuchen, mich zu beruhigen, zeigen nicht, dass auch sie zutiefst geschockt sind. Sie sind eine wahre Stütze!

Montag wird Holger mit dem Rettungswagen nach Bayreuth gebracht. Intensivstation 58, Zimmer 1.

Holgers Zustand ist sehr, sehr kritisch! Mittlerweile weiß man, dass ein Erreger zwei seiner Herzklappen zerfressen hat. Sie sind noch auf der Suche, welcher es ist. Ein Erreger aus der Mundflora. Streptokokken ... Bis zu drei Zentimeter dick, sieht aus wie Blumenkohlröschen, über 70 % des Herzens sind überzogen. Er bekommt 24 Stunden täglich hochdosiertes Antibiotikum. Keiner kann sagen, wie viel der Erreger schon befallen hat und was alles. Wahrscheinlich auch das Gehirn und das Rückenmark? Das wäre dann Matsch und man könnte nichts mehr machen. Aber diesen Gedanken verdränge ich und träume, dass dem nicht so ist. Das gibt mir etwas Zuversicht. Ich besuche ihn jeden Tag, auch wenn er nicht viel mitbekommt. Ich streichle ihn und sage ihm, wie lieb ich ihn habe. In meinem Kopf formuliere ich schon Todesanzeigen: Mein Herz – mein Leben – meine Liebe.

Am Mittwoch bin ich mit Jan-Philip und Johanna auf die Intensiv. Autofahren habe ich nicht geschafft. Ich nehme Beruhigungsmittel, die helfen ein wenig, bin trotzdem durch den Wind.

Wir werden aufgeklärt über die anstehende Herz-OP und ich muss alle wichtigen Unterlagen unterschreiben. Gefühlt sind es mindestens zehn Stück: OP-Einwilligung, Versorgung danach, Pflege beantragen (beim Amtsgericht). Das Gefühl kann ich nicht beschreiben. Es zerschneidet das Herz. Ich bekomme alle persönlichen Dinge ausgehändigt wie die Uhr, den zersägten Ehering, Geldbeutel – echt gruselig, so endgültig! Beim Aufklärungsgespräch sagt der Anästhesist ganz trocken, es steht top oder flop! Natürlich erleben Ärzte solche Situationen öfter, aber Empathie wäre auch schön. Ein anderer Arzt erklärt, die Chancen lägen bei 70 zu 30, oder auch 50 zu 50, man könnte es nicht so genau sagen, da ja sein ganzer Körper bereits komplett geschwächt sei. Meine zwei Großen sind mir eine große Stütze – ohne sie hätte ich das nicht geschafft. Danke, meine Süßen!

Meine Eltern machen sich auch sehr große Sorgen, meine Mutter ruft mich jeden Abend an, um nach dem neuesten Stand zu fragen. Sie bringt mir ihre Beruhigungsmittel und leidet still mit. Mein Vater ist so durch den Wind und kann gar nicht viel sagen – er ist sehr emotional und weint im Stillen.

Holgers Mutter ist auch fertig, aber er lehnt später jeden Besuch von ihr und meinen Eltern ab, er möchte so nicht gesehen werden.

Die Stunden am Mittwochabend und Donnerstagvormittag schleichen dahin. Die OP ist auf 8 Uhr angesetzt, sie soll so ungefähr fünf Stunden dauern. Ich habe die Durchwahlnummer zum Arzt und darf so gegen 15 oder 16 Uhr nachfragen, wie die OP gelaufen ist, ob er überlebt hat. Zitternd, nicht fähig, irgendetwas zu mir zu nehmen, sitze ich nur irgendwo rum und starre Löcher in die Luft.

Johanna darf früher von der Arbeit nach Hause, da sie viel weint und auch durch den Wind ist. Sie ist bei mir und wir weinen gemeinsam. Was für eine grausame Zeit! Auch jetzt habe ich noch bei der Erinnerung Wasser in den Augen. Die Zeit ist gekommen und ich rufe, an Johanna geklammert und zitternd, an, ob er es geschafft hat. Die erlösende Nachricht: Er lebt!! Ich überlege nicht, wie es weitergeht. Es fällt mir nur ein großer Stein vom Herzen und ein Teil der Anspannung geht.

Nach einer kurzen Zeit des Verarbeitens beschließe ich, mit Johanna gleich zu Holgers Mutter zu gehen, um ihr die Nachricht persönlich zu überbringen. Auch sie ist in Tränen aufgelöst, sehr erleichtert und etwas befreit.

Der nächste Tag. Rickys 21. Geburtstag. Ich will ihn nicht einfach ignorieren oder gar ausfallen lassen! Ricky versucht die ganze Zeit, positiv zu sein, spricht mir immer wieder Mut zu, sagt mir, dass alles gut wird und Papa das schafft.

Wir schaffen es sogar, abends in seine Lieblingspizzeria zu gehen, auch wenn die Stimmung nicht gar so prickelnd ist. Die Reste der Pizza begleiten mich noch drei weitere Tage – ich habe einfach keinen Appetit.

Um seinem Körper die nötige Erholung zu verschaffen, bleibt Holger noch im Koma. Jeden Tag fahren wir nach Bayreuth. Ein Prozedere jeden Tag. Vor jedem Besuch muss man einen negativen Schnelltest vorweisen, den man zum Glück im Klinikum machen kann. Vorher zwei Zettel ausfüllen, Impfbuch bereithalten und Geduld, bis das Ergebnis vorliegt. Dann kommt der lange Gang, gefühlt über die ganze Länge des Klinikums. Am Ende angekommen, geht es noch zwei Stockwerke die Treppen hinunter. Drei Stockwerke tiefer ist die Pathologie. Das sagt doch schon mal viel aus. Dann klingeln, um in die Intensivstation eingelassen zu werden. Warten, bis jemand sich über die Sprechanlage meldet, sagen, wen man besuchen will und wieder warten, bis jemand kommt und die Türe öffnet.

Zum x-ten Mal Hände desinfizieren, Jacken ablegen und bangen Schrittes Richtung Pflegezimmer laufen. Ich weiß ja nicht, was mich erwartet. Wie ist sein Zustand? Wie lange muss er noch im Koma bleiben? Was macht das mit ihm?

In dieser Zeit telefoniere ich täglich mit Ole und Daniela. Sie versuchen, sachlich an die Lage heranzugehen und mich zu beruhigen. Wie es in ihnen aussieht, kann ich nicht mal erahnen. Aber sie sind für mich da. DANKE!

Sechs Tage nach der großen Herz-OP wird mir erklärt, dass Holger nun noch einen Herzschrittmacher braucht und dies sei nach so einem Eingriff ganz normal. Ok?! Nachdem er noch intubiert ist, wird der Eingriff in Vollnarkose durchgeführt, was offenbar nicht unbedingt üblich ist. Leider kann ich mich nicht mehr genau erinnern, aber ich glaube, dass er vorher schon mal kurz wach war. Ich vermute, dass er nun zeitnah aus dem Koma geholt wurde, denn acht Tage nach der OP wird der Beatmungsschlauch entfernt.

## Zeit der Dunkelheit

Wo bin ich?

Was ist mit mir los?

Was soll das?

Wer bin ich?

Was bin ich?

Bin ich tot?

Ich kann mich nicht bewegen.

Hat man mich vergessen?

Wie bin ich an diesen Ort gekommen?

Was ist passiert?

Ich will rufen, schreien – aber ich kann nicht!

Es ist weder warm noch kalt.

Niemand ist zu sehen, den man fragen könnte.

Hallo?

Keinen Laut kann ich von mir geben.

Ist es Tag, ist es Nacht?
Lebe ich überhaupt noch?

Hat man mir vergessen zu sagen,
dass ich bereits gestorben bin?

Was bin ich jetzt?

Es fühlt sich alles so fremd und anders an.

Was ist passiert?

Ich fühle mich wie paralysiert!

Wie soll, kann oder muss ich meine Situation
einschätzen?

Es wirkt alles so surreal!

Alles dreht sich um mich.
Ein Kreisel zieht alles um mich in die Tiefe!

Holt mich jetzt der Teufel?

Was habe ich angestellt, dass ich in
diese hilflose Lage geraten bin?

Ich liege gefühlt schräg auf einem Tuch.
Ist das ein Leichentuch unter mir?

Wenn ich meine Hände und Finger oder meine Zehen und Sprunggelenke zu bewegen versuche – geht nichts, auch nicht ansatzweise!

An meinem Unterleib und den Beinen entsteht ein dunkler Sog, der mich nach unten zieht, nicht angenehm.
Ich gebe nicht nach und arbeite dagegen.

Es fühlt sich wie Morast an, dunkel und düster, als ob mich eine Förderschnecke in den Boden hineinsaugen wollte!

Ich will das nicht!
Vor meinem inneren Auge fallen Gebäude spiralförmig in sich zusammen. Auch unser Haus. Das ist zwar interessantes Kopfkino, aber es macht mir Angst!

Gibt es eine Zukunft? Und wenn ja, wie? Ist alles verloren?

Meine Hände und Füße sind wie aufgeblasen, die Zehen und Finger kann ich genauso wenig bewegen wie meinen Schultergürtel oder meine Arme.

Da taucht ein menschenähnlicher Kopf auf, begrüßt mich freundlich namentlich und teilt mir mit, er müsse mich jetzt absaugen.

Die Prozedur, die dann folgt, werde ich nie vergessen, aber das wird von nun an ein regelmäßig durchgeführtes Ritual werden! Ein empfunden gigantisch langer Schlauch wird in meine Atemwege eingeführt, ich kann keine Luft mehr holen und habe das Gefühl, man will mich ersticken!

Diesen freundlichen Intensivpfleger kann ich nicht richtig zuordnen. Ist er real oder habe ich es mit einem virtuellen Nerd zu tun? Er ist kahl rasiert und trägt eine dunkle Brille. Der nächste seiner Kollegen trägt die gleiche Frisur und Brille, hat aber eine dunklere Gesichtsfarbe. Nachdem ich meine Brille nicht aufhabe, bin ich mir dessen, was ich sehe, auch nicht mehr sicher!

Ist das eine Parallelwelt, in der ich mich befinde?

Sämtliche Versuche, ein Geräusch oder gar ein Wort zu erzeugen, scheitern an der mir erst deutlich später bewussten Tatsache, dass ich intubiert war, mechanische Maulsperre.

Ich habe das Gefühl, komplett Orientierung und Kontrolle verloren zu haben!

Ständig habe ich diese Visionen, wie ich selbst und mit mir alles in einem unheilvollen Strudel in die dunkle Tiefe gezogen wird und dann wieder die Fragen, auf die ich keine Antwort finde:

Was ist mit meiner lieben Frau, was mit den Kindern?

Wo sind sie?

Weiß jemand, wo ich bin? Sucht man nach mir?

Ist meine Familie in einer ähnlichen Lage und bräuchte Hilfe?

Was ist mit ihnen passiert?

Wen werde ich je wiedersehen?

Ich zermartere mir mein Hirn.

Lohnt sich der Kampf überhaupt?
Habe ich überhaupt eine Chance, das hier zu überstehen?

Werde ich allmählich blöde?
Oder bin ich es bereits?

Habe ich am Ende etwas angestellt, wofür ich jetzt büßen muss?

Was war es? Kann ich es wieder in Ordnung bringen?

Oder unterstellt man mir, etwas Unrechtes getan zu haben, wovon ich nichts weiß? Ist das jetzt die Strafe?

Da taucht, oh Wunder, zwischen den Strudelwellen kurz das Gesicht meiner geliebten Frau auf – verhärmt sieht sie aus –, dann verschwindet ihr Bild wieder im Strudel.

Jetzt tun sich neue Fragen auf:
War das eine Erinnerung, ein Wunschbild?
Hat sie mich schon abgeschrieben?

Hat sie aufgegeben?

Werde ich jemals wieder auf Menschen treffen?

Werde ich noch willkommen sein, falls ich wieder normal werden kann?

Ich werde kämpfen – sterben kann ich immer noch!

Bin ich vielleicht schon gestorben?

Alles ist so unwirklich!

Bitte holt mich aus diesem Loch heraus, wer immer mich wahrnehmen kann!

Ich will schreien – nichts, keinen Laut kann ich erzeugen!

# Der lange Weg zurück!
# Erinnerungen der Ehefrau Doris

## 2. Teil

Am neunten Tag danach ist er beim Besuch richtig gut drauf. Ich kann ihn zwar nicht gut verstehen und er kann sich nicht wirklich bewegen, aber er kommuniziert über die Augen mit uns und freut sich sichtlich, dass Jan-Philip und Frederik dabei sind. Er strahlt uns an und ich glaube, er ist froh, noch bei uns zu sein. Ricky bearbeitet mit einer unglaublichen Ausdauer seine Hände, massiert und knetet sanft, eine wahnsinnige Wohltat für Holger!

Nun beginnt ein Wechsel zwischen besseren und wieder etwas schlechteren Tagen. So geht das sechs Tage lang. Dann klingelt das Telefon, ich sehe die Nummer vom Klinikum und falle fast in Ohnmacht. Was ist jetzt los? Ich erschrecke mich fast zu Tode. Die freundliche Schwester auf der anderen Seite wollte mir nur mitteilen, dass mein Mann auf Normalstation verlegt wurde. Station 51, Zimmer 34. So, jetzt erst mal wieder beruhigen.

Ich bin nur halb begeistert. Der Betreuungsschlüssel liegt hier bei 40 Patienten für eine Schwester. Auf Intensiv ist er 1 zu 10.

Immerhin ist er so klar, dass er schon wieder über die schlechten Physios im Klinikum maulen kann, die offensichtlich keine ordentliche Arbeit leisten. Wenn ich bei ihm bin, bearbeite ich seine Hände und Füße. Diese Zuwendung genießt er sehr.

Am Tag 16 nach der OP wird die Station wegen Corona gesperrt. Mich hat natürlich niemand informiert und ich fahre völlig umsonst nach Bayreuth. Kann nur die mitgebrachten Sachen (Saft und Mandarinen) abgeben und unverrichteter Dinge wieder gehen.

Als ich Sonntag mit den zwei Großen beim Mittagessen sitze, ruft Holger selbst an. Er hört sich echt gut an, erzählt, dass er mit dem Rollator gelaufen ist und möglichst bald wieder arbeiten will. Wenn das mal nicht ein sehr gutes Zeichen ist!!

In den fünf Tagen der Sperrung bzw. besuchsfreien Zeit versuche ich, mindestens einmal täglich mit Holger zu telefonieren. Leider ist das nicht immer so einfach, da die Telefonanlage vom Klinikum echt Mist ist und es feinmotorisch mit dem Handy nicht funktioniert.

Am Tag 21 nach der OP ist mit Testung wieder ein Besuch möglich – offiziell darf nur eine Person pro Tag für eine Stunde besuchen. Zum Glück sind sie aber nicht so kleinlich und kontrollieren auch nicht, wie lange jemand dableibt. Es hat sich nichts verbessert: Es dauert eine gefühlte Ewigkeit, bis er in den Rollstuhl kommt und wieder zurück ins Bett. Jetzt weiß ich, er konnte sich nicht abstützen, die Muskulatur in den Beinen war fast komplett weg und alle Möbel waren von der Sitzhöhe her zu tief. Und ich dachte, er hat vielleicht keinen Bock und lässt sich, wenn ich da bin, lieber von mir bedienen. Sorry dafür! Heute habe ich ihn mal rasiert und die Haare gewaschen. Anschließend habe ich noch ausgiebig seine Füße bearbeitet. Das tut ihm gut!

Als ich ihn am nächsten Tag besuche, sitzt er halb weggerutscht im Rollstuhl. Wieder habe ich das Gefühl, er strengt sich nicht genug an. Nur mit Hilfe der Krankenschwester schafft er es aus dem Rollstuhl, um dann völlig erschöpft aufs Bett zu fallen. Mir fällt auf, dass seine Beine und Füße wieder viel dicker sind. Denke mir aber zu wenig dabei – immerhin ist er ja medikamentös dauerhaft versorgt. Ich spreche mit ihm ab, dass ich am nächsten Tag ein Dankeschön für die gute Betreuung auf der Intensivstation abgeben will.

Tag 23, ich will nur schnell auf der Intensivstation das Geschenk abgeben und danach gleich zu Holger. Als ich dort klingele und mein Anliegen vorbringe, sagt die männliche Stimme auf der anderen Seite zu mir: „Aber Herr Seuß liegt doch bei uns!" Ich glaub, ich dreh gleich durch. Was ist passiert? Gestern war doch noch alles in Ordnung. Der Pfleger erklärt mir, dass gleich ein Arzt zu mir kommt und mir alles erklärt. Wie ein Tiger im Käfig laufe ich im Gang auf und ab und gebe irgendwelche seltsamen Geräusche von mir. Es dauert gefühlt eine Stunde (in Wirklichkeit ca. fünf bis zehn Minuten), bis endlich der Arzt kommt. Er schaut sehr ernst und etwas betreten. Wundert sich etwas, dass offensichtlich versäumt wurde, mich zu informieren. Aus meiner Sicht vielleicht gut so, sonst wäre ich zu Hause schon wahnsinnig geworden. Er erklärt mir, dass eine Sonde des Herzschrittmachers sich im Herzen gelöst hätte und diese nun operativ wieder neu verlegt wurde. Er sagt das so, als ob so etwas sonst nicht passiert und Holger quasi ein Sonderfall sei. Während der ganzen Besuchszeit ist Holger wegen der Narkose noch nicht ansprechbar – sieht aber fürchterlich aus! Ein Schritt vor und zehn zurück.

Am nächsten Tag bitte ich Jan-Philip, mich zu begleiten, da ich Angst davor habe, was mich erwartet.

Zum Glück ist Holger wieder gut ansprechbar. Am Hals hat er einen ewig dicken Druckverband, da er ja Marcumar bekommt. Er freut sich sehr, uns zu sehen und macht keinen so schlechten Eindruck. Erst viel später erfahren wir aus den Arztbriefen, dass Holger hier zum zweiten Mal reanimiert wurde. Vielleicht gut so.

Am Tag vor meinem Geburtstag besucht Jan-Philip seinen Vater nach der Arbeit alleine. Was er erzählt, hört sich so weit ganz positiv an. Wenn man davon absieht, dass Holger sich im Schlaf eine Infusionsnadel herausgezogen hatte und, bis jemand darauf aufmerksam wurde, schon das ganze Bett voll Blut gelaufen war. So viel Blutverlust, dass er Blutkonserven benötigte! Daher auch der Druckverband!

An meinem Geburtstag rufe ich gegen Mittag auf Normalstation an, ob Holger schon wieder dort ist. Ja!! Beim Bäcker kaufe ich ein Kuchenstück, nehme eine kleine Kerze mit und will mit meinem Schatz meinen Geburtstag feiern. Mehr brauche ich nicht! Er kann zwar nur im Bett liegen, macht aber einen recht guten Eindruck. Ich füttere ihn und wir teilen uns das Kuchenstück. Wir schaffen beide nicht so viel – gut so.

Guter Dinge betrete ich am nächsten Tag Holgers Zimmer. Dann der Schock – sein Bett ist leer! Was hat das nun wieder zu bedeuten? Als ich nachfrage, bekomme ich die Info, dass er zu einer Untersuchung ist, da er die ganze Nacht gebrochen hat und es ihm richtig schlecht ging. Ich mache mir Vorwürfe, ob er vielleicht den Kuchen nicht gut vertragen hat. Von der Stationsärztin erfahre ich, dass er viel zu wenig Sauerstoff im Blut hat und das der Grund ist, warum er immer so müde ist. Das soll zeitnah genauer untersucht werden. Während ich über mögliche Ursachen für die Übelkeit nachgrübele, fällt mir der abgelaufene Traubensaft ein, der auch farblich nicht mehr so frisch aussah. Ich glaube fest, dass nur der Saft an seinem schlechten Zustand schuld war. Die anstehenden Untersuchungen bringen auch kein brauchbares Ergebnis.

Vier Wochen nach der OP bin ich einmal schon um 14 Uhr zum Besuch da. Er schläft tief und fest und braucht recht lange, bis er wach wird. Dann ist er aber gut ansprechbar und macht einen recht fitten Eindruck. Größte Anstrengung verlangt ihm das Aufsetzen und Aufstehen ab. Zum Glück klappt das Laufen mit dem Rollator schon ganz gut. Die Stationsärztin macht Druck: Wenn er bis zum 6.12.22 nicht alles alleine schafft, dann kann sie ihn nicht für eine „normale Reha" anmelden, sondern er muss auf die Geriatrische. Na vielen Dank – soll das anspornend wirken? Glaubt sie wirklich, dass Holger sich nicht genug anstrengt? Ist er tatsächlich ein fauler Hund oder gibt es noch andere Ursachen?

Am nächsten Tag besucht Ricky seinen Papa alleine nach der Arbeit. Er ist sehr angetan, wie gut er schon mit dem Rollator laufen kann. Er verbringt den ganzen Nachmittag bei ihm.

Nicht nur die Ärztin ist unzufrieden, auch Holger hat immer wieder Durchhänger, weil ihm alles zu langsam geht. Er ist ungeduldig und oft auch unzufrieden mit den ganzen Umständen.

Als Johanna ihn besucht, ist sie auch sehr positiv überrascht, wie viele Meter er schon beim Laufen schafft und bei ihr ist er auch positiv gestimmt.

Auf den letzten Drücker habe ich einen Banktermin bekommen, bei dem mir das Online-Banking erklärt werden soll. Nachdem Holger sich bis dahin immer um die Gehaltsüberweisungen gekümmert hatte, habe ich leider null Ahnung. Aber zum Glück ist auch das kein Hexenwerk und ich schaffe es tatsächlich! Als Jan-Philip bei ihm ist, erzählt er auch nur Positives.

Holger wird auf ein Einzelzimmer verlegt, da er im Schlaf redet und so sein Zimmergenosse dadurch nicht zum Schlafen kommt. Davon ist er leider gar nicht begeistert, da er der Meinung ist, dies sei ein Sterbezimmer, da vorher eine ältere Dame das Zimmer nicht lebend verlassen hat. So ein Quatsch!! Beim Laufen hält er schon länger durch – drei Runden um die Station, mit nur zwei Pausen. Da sich seine Bein- und Pomuskulatur abgebaut haben, jammert er über deren Defizit. Seine Stimme wird kräftiger.

Obwohl er ab und zu Durchhänger hat, geht es steil nach oben! Er macht täglich Fortschritte, auch wenn sie manchmal nur klein sind. Johanna, die über einen längeren Zeitraum nicht zu Besuch war, ist sehr positiv überrascht, wie gut viele Dinge schon funktionieren.

# Zeit der Hilflosigkeit

Tage später stellt die Visite fest, dass man mich extubieren könnte, ein Segen! Ein empfunden monströses Element, das ich nicht zu sehen kriege, wird aus meinem Mund entfernt. Ich brauche zwar noch Tage, um ein paar Worte sprechen zu können, aber es wird besser!

An selbstständiges Essen ist nicht zu denken. Eine Pflegekraft stellt mir ein Tablett hin, das ich mir ansehe, aber ich kann nichts damit anstellen. Meine Motorik wird mich erst etliche Wochen später in die Lage versetzen, mir ein Brot vorzubereiten und es auch noch unfallfrei zum Mund zu führen. Ein Löffel mit einer dicken Mullbinde um den Griff wird zum Übungsgerät, aber ich werde noch viel Geduld und Übungsfleiß benötigen, die aufgeladenen Speisen im Mund abzuliefern, meistens kriegt es der großdimensionierte Latz ab. Bis dahin bin ich darauf angewiesen, mir etwas vorbereiten zu lassen, und muss mich Bissen für Bissen füttern lassen. Trinken funktioniert manchmal über einen langen Schlauch, der mir den Zugang zum Inhalt einer Schnabeltasse ermöglicht. Doch die Synchronisation zwischen dem Halten der Schnabeltasse und der Platzierung des Schlauchendes in meinen Mund gelingt mir selten und wenn, dann dauert das eine gefühlte Ewigkeit! Meistens gebe ich frustriert auf.

Eines Tages bringt Jan-Philip ein Fläschchen Bier mit, das ich mir über die Schnabeltassen-Schlauch-Verbindung genüsslich appliziere. In meinem Kopf wird es lustig, ein Traum, auch für einen nicht regelmäßigen Biertrinker!

Meiner Bitte, die Wechseldruckmatratze verlassen zu dürfen, wird entsprochen. Damit kann ich wieder Kontakt mit meiner Umwelt aufbauen. Ein Wahnsinn! Hier sei kritisch angemerkt, dass die Lagerung auf einer Wechseldruckmatratze für die Pflege wohl ein Segen sein mag, da die Patienten bei Bettlägerigkeit nicht alle zwei Stunden gedreht werden müssen, um Druckgeschwüre zu verhindern. Einmal täglich werde ich auf die Seite gelegt, um die Gesäßfurche gereinigt zu bekommen und das war's. Den Urin erledigt ein Katheter. Es ist bekannt, dass bei Bewegungslosigkeit die Muskulatur rasend schnell abbaut, aber bei einer Lagerung, die keinen Kontakt mit der Auflage oder der sonstigen Umgebung erlaubt, geht das noch viel schneller! Wenn keine Hoffnung mehr auf Rehabilitation besteht, kann man sich über diese Form der Lagerung streiten, allein ein Aufsetzen in stabiler Position ist dann nach kürzester Zeit definitiv nicht mehr möglich. Aber bei Patienten, bei denen noch die Option einer Rehabilitation besteht, ist der Einsatz einer Wechseldruckmatratze eine blanke Katastrophe! Keine räumliche Orientierung, dadurch kaum die Möglichkeit zu eigenständiger Bewegung, Koordinations- und Kontrollverlust, dazu die Destabilisierung der Becken- und Rumpfmuskulatur, mehr will ich hier nicht schildern. Ich komme mir so hilflos vor. Gerade isometrische Ganzspannungsübungen sind nur begrenzt möglich!

Bei einer der letzten Visiten auf Intensivstation werde ich dafür gemaßregelt, dass ich Kommentare und Ergänzungen zu dem ärztlichen Fachjargon – in Fachjargon – abliefere, wörtlich: „Wir wollen uns nicht mit Ihnen unterhalten, sondern über Sie."

Und nebenbei läuft Corona. Meine Frau und meine Kinder müssen sich für jeden Besuch einem Test unterziehen und eine Woche kann wegen Infektion im Haus gar kein Besuch erfolgen. Das ist bitter!

Nach Verlegung auf Normalstation der Kardiologie geht es mir zunehmend schlechter. Die Beine schwellen wieder an und auch der Allgemeinzustand lässt stark zu wünschen übrig. Bei einer Übergabe an die Nachtschicht kann ich mich noch gut an die aufgebrachte Nachtschwester Monika erinnern, die mich in Empfang nimmt und die anwesenden Ärzte mit markigen Worten dazu auffordert, etwas zu unternehmen, sonst müsse sie mir beim Sterben zusehen, was ihr wohl gar nicht in den Kram zu passen scheint. Ich muss tief Luft holen und habe trotzdem das Gefühl, nicht ausreichend Sauerstoff zu bekommen und zu ersticken. Mein gemessener Puls liegt bei 17 Schlägen/Minute, etwas wenig! Die Ärzte stehen in dem Moment tatenlos daneben, als ich entkräftet einschlafe. Die Information, die ich, wieder erwacht, wahrnehme, ist, dass ich nachoperiert worden bin, denn die Impulskabelverbindung des Schrittmachers, die im Herzen eingeschraubt wird, hätte sich wohl gelöst, was noch nie vorher vorgekommen sei. Was kann ich dafür?

Der nächste Versuch der Verlegung auf die Normalstation verzögert sich um ein paar Tage, da ich mir noch unwissentlich durch eine Kopfdrehung die Infusionszugänge aus ihrer Verankerung ziehe. Ich kann mich noch erinnern, dass man mich in die Höhe gehoben hat und ich in einem kurzen Moment die Blutlache unter mir wahrnehme. Nach den erfolgreichen Druckverbänden zum Stoppen des Blutflusses und der Neuinstallation der Infusionen ist meine nächste Erinnerung die Sicht auf Blutkonserven, die man mir ergänzend zu den Infusionen zuführt. Man kontrolliert meinen Zustand ziemlich feinmaschig und meine sonst so sensiblen Fingerspitzen werden beharrlich von den üblichen Sensoren eingeklemmt, um den Sauerstoffgehalt meines Blutes zu messen. Mittlerweile schmerzt jeder meiner abwechselnd malträtierten Finger und die blutige Nagelhaut kann gar nicht mehr heilen. Außerdem habe ich das Gefühl, schmerzhafte Schwielen zu bekommen; die mich noch über ein Jahr bei der sensiblen Wahrnehmung behindern werden.

Hier möchte ich meiner Familie ein großes Kompliment machen. Meine liebe Frau und meine lieben erwachsenen Kinder suchen mich abwechselnd (dank Corona!) täglich auf und massieren meine Hände und Füße, was nicht nur eine ausgesprochene Wohltat ist, sondern die Wiedergewinnung meiner sensiblen Fähigkeiten enorm unterstützt! Vielen, vielen Dank, ich liebe Euch dafür umso mehr!

Eine junge Ergotherapeutin, der ich mit gutem Gewissen handwerkliches Geschick attestieren möchte, sucht mich ein paar Tage auf, um mir gefühlte fünf Minuten pro Hand eine Be„Hand"lung zukommen zu lassen. Aber an mehr auf der Intensivstation kann ich mich nicht erinnern.

Die Informationen, die ich nun etwas klarer aufnehmen kann, besagen, dass man mir für die nicht mehr funktionierenden Herzklappen zwei Bioprothesen vom Schwein eingesetzt hat, die eine Haltbarkeit von zehn bis fünfzehn Jahren hätten und dazu einen bipolaren

Schrittmacher mit Rekorder und Defibrillator als Ersatz für das nicht mehr funktionierende primäre körpereigene Impulsgebersystem des Herzens. Ein Bakterium aus der Mundflora hatte wohl etwa 70 % meines Herzens besetzt, große Teile zerfressen und für meinen desolaten Zustand gesorgt.

Endlich auf Normalstation, darf ich in meiner motorischen Hilflosigkeit, die kaum geringer geworden ist, miterleben, wie Mitpatienten ankommen, operiert und dann zur Anschlussheilbehandlung entlassen werden. Meistens geht es um Bypass-Operationen, bei denen die Patienten im Vorfeld auf Einschränkungen und Maßnahmen hingewiesen werden, was in meinem Fall ja nicht so hat ablaufen können. Entsprechend habe ich zu jeder Visite eine Reihe von Fragen, die mir aber nur halbherzig beantwortet werden. Zweifelt man an meinen geistigen Fähigkeiten oder wird davon ausgegangen, dass jeder Patient vor seiner OP ausreichend aufgeklärt sei? Offensichtlich laufe ich in der Bypass-Schiene mit und mit meinen körperlichen Missständen, die nachträglich betrachtet auch auf die zweifach nötige Reanimation zurückzuführen sein könnten, habe ich allein zu kämpfen.

Erst später habe ich mich darüber informieren können, dass Wiederbelebungsmaßnahmen statistisch gesehen nur zu 20 % erfolgreich sind und wenn, dann ist mit geistigen oder körperlichen Ausfällen zu rechnen! Vielleicht hat mein Körper mit seinen Herz- und Atemaussetzern, die ich seit Jahren kenne, bereits einen Schutzschild aufgebaut, der mir jetzt die Möglichkeit gibt, weitgehend unbeschadet aus dieser misslichen Lage zu entkommen – eine gewagte Hypothese, mir aber durchaus plausibel!

Mein weiterer Klinikaufenthalt wird von den täglichen Antibiosemaßnahmen begleitet, nachdem man das für meine Erkrankung verantwortliche Bakterium identifiziert hat und meinem Körper ein passendes Medikament per Infusion appliziert. Die Zeit für die Antibiose wird ärztlicherseits auf sechs Wochen seit Aufnahme angesetzt und so lange muss ich warten. Die morgendliche Routine ist grausam, ich fühle mich so hilflos und habe bei einfachsten Verrichtungen Probleme. Hier will ich den Damen in der Pflege ein großes Kompliment machen. Sie haben mir stets Hilfe angeboten und mich unterstützt, wo immer es ging. Auch banale Handreichungen wurden mit freundlicher Miene und ohne Murren erledigt.

Meine Lagerung auf einer Wechseldruckmatratze hat mich, im Nachhinein betrachtet, rasend schnell in eine Instabilität und durch Muskelabbau in ein Kraftdefizit gebracht, an dem ich noch heute zu knabbern habe! Als Physiotherapeut habe ich bereits in meinen beruflichen Anfangsjahren gelernt, dass Bettlägerige und besonders Komapatienten zweimal täglich durchzubewegen sind, um spätere Komplikationen zu verhindern. Davon habe ich nichts erleben dürfen. Ich kann hier nur spekulieren, wie massiv diese „Vernachlässigung" in Kombination mit der Wechseldruckmatratze verantwortlich für meinen desolaten Zustand ist! So hervorragend und fachlich kompetent sich die betreuenden kardiologischen Ärzte zeigen, so wenig, und diese Beobachtung gilt auch für andere medizinische Fakultäten, fehlt vielen das Verständnis für komplementäre Fachrichtungen. Meine wochentäglich erscheinenden Therapeutinnen versuchen mit Engelszungen, mich zu „Spaziergängen" auf Station zu motivieren und können aber nicht nachvollziehen, dass nicht ein zu schwaches Herz oder Faulheit der Grund für meine benötigten Pausen sind, sondern dass das Defizit an Muskulatur, speziell zur Stabilisation des Beckens, mich behindert. In dieser Phase habe ich ein dauerhaftes Kältegefühl in mir, das durch die physiotherapeutischen Einreibungen mit Franzbranntwein nur noch verstärkt wird. Es ist anzunehmen, dass die Kälte auf die Hypothermietherapie in der Intensivstation zurückzuführen ist. Dort wird die Körpertemperatur um etwa zwei Grad herabgesetzt, um die Kreislauffunktionen herunterzufahren, was das Herz schont. Außerdem gehe ich davon aus, dass ich zur weiteren Herzentlastung blutdrucksenkende Medikamente bekomme, die eine aktive Wiedererwärmung des Körpers verhindern und für die Wasseransammlungen in den Beinen und Armen verantwortlich sind. Auf den anfänglich für mein Wohlbefinden eingesetzten Vibramaten muss ich bald verzichten, nachdem eine Kollegin festgestellt hat, dass ich ja eine offene Herzoperation hinter mir habe, für die die Vibrationsmassage eine Kontraindikation darstellt, hm, ohne Kommentar, darüber kann man sich streiten. Die bereits durchgeführten Vibrationen haben mir jedenfalls keinen Schaden zugefügt, sie waren sehr angenehm! Jetzt bin ich überdurchschnittlich groß gewachsen und soll möglichst viel Zeit aufrecht sitzend verbringen, so die pflegerische Theorie, um den Kreislauf zu stabilisieren. Nach Stunden des Sitzens (nach geöffnetem Brustkorb darf man sich ein Vierteljahr lang nicht mit den Armen abstützen, wusste ich vorher auch nicht) kann ich ohne Hilfe den Sitzplatz nicht mehr verlassen! Das hat man mir vorher nicht gesagt, nicht sagen können. Häufig sitze ich daher nach dem Essen mit Schmerzen im Becken und der Lendenwirbelsäule auf meinem Patientensessel und spüre, wie meine Beine immer mehr anschwellen. Müdigkeit und Schwindel beim Aufstehen sind meine ständigen Begleiter. Aber das ist ja gut für meinen Kreislauf! Am liebsten würde ich mich ausstrecken, aber ohne Hilfe komme ich nicht vom Platz. Meistens schlafe ich sitzend ein. Ich komme mir so energielos vor, es ist kaum zu beschreiben. Ähnlich geht es mir am Morgen, wenn ich hilflos vor dem Waschbecken sitze, mein lädiertes Gesicht im riesigen Spiegel sehen darf und weiß, dass mein motorisches Vermögen nicht ausreichen wird, mich selbst zu waschen. An meinen Ober- und Unterarmen hängen die muskelbefreiten Hautlappen herunter, ebenso zeigt sich der Oberschenkelknochen durch die Haut, die vormals mit Muskeln unterfütterte Haut hängt beidseits in wackelnden Hautlappen Richtung Boden. Ähnlich spüre ich die Gesäßhautlappen, wenn ich mich ungepolstert auf den Sitzbeinhöckern bewege, um ein Minimum an Steuerung wiederzuerlangen. Die Schwestern, ob ausgebildet oder noch in der Ausbildung, sind unglaublich lieb und fürsorglich im Umgang mit mir! Bei jedem Toilettenbesuch muss mich stets eine Schwester aus meiner Notlage befreien. Erstens schränkt mich meine mangelhafte Schulterbeweglichkeit ein, zweitens meine Sensibilitätsstörung der Hände und drittens kann ich von dem tiefen Sitz aus nicht aufstehen! Ich darf mich ja auch nicht abstützen! Dass meine muskuläre Stabilität geringfügig über null liegt, tut ein Übriges.

Mein analytisches Denken bringt mich auf die Lösung des Problems: Wenn ich mich auf einer „normalen" Sitzgelegenheit befinde, stehen meine Knie höher als die Hüftgelenke. Somit muss ich beim Aufstehen erst dieses

Hindernis überwinden, um mich aufrichten zu können! In einer Visite halte ich vor versammelter Mannschaft dem anwesenden Chefarzt vor, es sei traurig, dass er mir mangelnde Kooperation vorwirft und andererseits ich ihm erklären müsse, wie sich mein Problem biomechanisch darstellt! Er behält die Contenance, wir sind keine Freunde mehr, aber es dauert nach der Visite keine fünf Minuten und eine Schwester versorgt mich mit einer Toilettenerhöhung und einem aufpolsternden Sitzkissen. Na, geht doch! Warum nicht früher? Was geschieht mit Patienten, die das nicht wissen?

Es hätte mich fast gewundert, wenn man nicht auf meine „lebensbedrohlichen" Atemaussetzer gekommen wäre. Mit ernster Miene werde ich mit Bett durchs halbe Klinikum gefahren. Man will mich im Schlaflabor der Pneumonologieabteilung davon überzeugen, dass ich dringend eine Schlafmaske benötige. Jetzt habe ich diese Prozedur bereits zweimal hinter mich gebracht, mit dem Ergebnis, dass ich durch die sogenannte Rampe, mit der unter verstärktem Druck Luft über eine Maske eingeblasen wird, jeweils mit einer Panikattacke aufgewacht bin, was ich gefühlsmäßig mit Waterboarding vergleichen möchte, einem ekligen Verfahren zur Folter! Seit diesen Erlebnissen bereits ein und ein halbes Jahr zuvor ist mein Verhältnis zum erholsamen Nachtschlaf sowieso dauerhaft gestört, mehrmals werde ich sogar heute noch durch Albträume geweckt, die Folterattacken zum Inhalt haben. Auch Versuche mit Maske zu Hause schlugen bereits fehl!

Das an meinem Ohr befestigte Messinstrument, das die Sauerstoffsättigung des Blutes als Indikator für die Notwendigkeit eines therapeutischen Vorgehens belegen soll, hat eine Narbe hinterlassen, die ich heute noch schmerzhaft spüre. In der gefühlten Stunde meines Aufenthalts werde ich vom anwesenden Personal nicht wahrgenommen, also erfahre ich brutal wichtige Details über dessen Urlaubsreisen, Liebschaften, Dienstpläne und Umstyling. Ganz nebenbei wird bei mir eine Sauerstoffsättigung von 97 % gemessen, was normal ist, und der Transportdienst fährt mich zurück ins Zimmer.

Wie soll ich sagen? Von da an zähle ich die Tage bis zu meiner Entlassung. Nachdem ich mit meinem Zimmergenossen nachts im Schlaf Behandlungstermine ausgemacht habe und ihm verschiedene Krankheitsbilder erklärt und damit vom Schlafen abgehalten habe, werde ich in ein Einzelzimmer umgesiedelt, das kurz zuvor eine Patientin auf einer Bahre verlassen hat. Mir ist das egal und ich versuche, mein neues Reich zu beleben und unternehme immer längere Ausflüge durch die Station, unterstützt von meiner Gattin, aber auch schon ohne sie. Ohne Rollator bin ich nicht in der Lage, mehr als drei Schritte zu gehen, ohne massive Schmerzen im Becken zu bekommen. Dazu kommt eine unangenehme Inkontinenz, die mir verständlicherweise nach Entfernung des Blasenkatheters zu schaffen macht. Einlagen sind hier angesagt, aber auch die Schließmuskulatur ist Teil der Beckenmuskulatur und ich trainiere heute noch daran, keinen Rückfall mehr erleben zu müssen!

Leider haben weder meine Kolleginnen noch die Ärzte Verständnis für meine missliche Lage und daher weiß ich auch nicht, was bei einer anschließenden Rehamaßnahme auf mich zukommen wird. Auf meine Störungen, die mich tatsächlich belasten, wird im Grunde gar nicht eingegangen, ich werde offensichtlich als Simulant betrachtet. Die Stationsärztin zapft mir häufig Blut ab, offensichtlich in der Erwartung, Diabetes nachweisen zu können. Sie betrachtet mich skeptisch und meint, wenn sich mein Übungseifer nicht steigern sollte, müsse sie mich auf eine geriatrische Reha schicken! Und das mit 57 Jahren! Es entbrennt ein Übungsfleiß, bezogen auf meine Ausflüge durch die Station, unter ständigen Schmerzen! Ich habe immerzu das Gefühl, mein Kreuzbein würde mit der Wirbelsäule zwischen meinen Beckenschaufeln nach unten durchrutschen! Vielleicht hätte ich nach einem Schmerzmittel fragen sollen, habe ich nicht dran gedacht!

Der Belohnungskaffee aus der Isolierkanne an der Stationsbasis schmeckt zwar abscheulich, aber er wird zum Ziel meiner Wanderungen. Und dann ist es endlich geschafft!

# Der lange Weg zurück!
# Erinnerungen der Ehefrau Doris

### 3. Teil

Drei Tage vor der Verlegung nach Bad Elster zur Reha verführt Jan-Philip seien Vater zur ersten Zigarette nach fast sechs Wochen – wie schade! Aber wahrscheinlich hätte er auch selbst wieder angefangen. Ich habe bis zum Schluss gehofft, dass er es lässt.

Am Sonntag besucht Frederik seinen Papa noch mal im Krankenhaus und nimmt schon den Trolley für die Reha mit. Auch er freut sich, wie gut viele Dinge schon wieder klappen und bearbeitet erneut seine Hände.

Am letzten Krankenhaustag vor der Reha bringe ich Holger noch die restlichen Klamotten für die neue Unterbringung und ein Abschiedsgeschenk für die Station und Schwester Monika mit, die ihm ja quasi das Leben gerettet hat. Er ist gut gelaunt und freut sich, dass er nun bald das Krankenhaus hinter sich lassen und wieder einen Schritt in Richtung Normalität gehen darf.

Am 7. Dezember ist es so weit: So gegen 10 Uhr kommt ein Taxi und bringt Holger nach Bad Elster, wo es ihm gut gefällt.

Da die Fahrstrecke zu lang ist und Besuch dank Corona eh nicht wirklich erlaubt ist, bleibt uns nur, täglich mindestens einmal zu telefonieren, meistens jedoch öfter!

Am 15.12. besuche ich ihn zum ersten Mal persönlich – geht natürlich nur draußen, da ja eigentlich Besuchsverbot ist. Ich bringe frische Kleidung und ein paar

Weihnachtsplätzchen mit. Er sieht sehr blass und abgemagert aus. Seine Haare sind überständig und der Bart wuchert fröhlich vor sich hin. Aber immerhin kann er ein paar Schritte ohne Rollator gehen. Sein Blutdruck ist viel zu niedrig: 80/60. Wir fahren mit dem Auto durch Bad Elster und suchen nach bekannten Stellen, wo Holger in seiner Ausbildung war. Das bereitet ihm Freude.

Unser letzter Besuch auf Reha: VW-Bus vollgeladen mit allen Kindern, Tisch ausgeklappt, Plätzchenteller vorbereitet, Kaffee dabei und Weihnachtsgeschenke – immerhin ist ja der zweite Weihnachtsfeiertag!

Das war richtig schön. Alle waren happy!

Jetzt ist Holgers Wunsch, endlich wieder nach Hause zu kommen, noch mehr angefacht ...

## Zeit der Rehabilitation

Am Ausgang des Klinikums erwartet mich ein netter junger Mann, der mich samt Rollator in einen luxuriösen Kombi verfrachtet, um mich ins sächsische Vogtland zu verbringen.

Mir ist vor Beginn der Reha nicht so recht bewusst, was es mit solch einer Maßnahme auf sich hat. Rückblickend kann ich feststellen, dass es darum geht, mir darüber klar zu werden, wo ich stehe und wie ich meine Zukunft gestalten kann. Von der Familie getrennt, wird mir vor Augen geführt, wie verletzlich und unselbstständig ich bin und die täglichen Termine geben mir eine Richtschnur, die ich über die Zeit immer besser in den Griff bekomme. Eine feinmotorische Aufgabe, die ich jeden dritten Tag zu erledigen habe, ist das Stellen der Medikamente. Hierbei benötige ich anfänglich fast eine Stunde, um die Tabletten und Kapseln für die folgenden drei Tage, so viele Sortierboxen habe ich, in die jeweiligen Vertiefungen zu legen. Manchmal flutscht mir so ein Kästchen aus der Hand und ich muss mühsam auf dem Boden umherkriechen, um die Medikamente wieder einzusammeln. Die zuständige Chefärztin zeigt sich äußerst einfühlsam und kontrolliert per Ultraschall regelmäßig meine Wassereinlagerungen im Herzbeutel, die sich sukzessive verringern. Das von ihr angelegte Programm besteht aus täglicher Ergotherapie, durch die sich meine sensiblen Einschränkungen der Finger deutlich bessern. Jemals so ungeschickt zu werden, hätte ich mir vorher nie vorstellen können, zumal handwerkliche Feinmotorik zu meinen Spezialitäten gehört hat. Streichhölzchen sortieren, kleinste Puzzleteile drehen, Münzen aus gewärmten Linsen klauben, das Spektrum der „Arbeits- und Beschäftigungstherapie" hält beständig neue Herausforderungen bereit, die mir meine allgemeinen Sensibilitätsstörungen und dann noch die Differenz zwischen links und rechts vor Augen führen. Es gibt noch viel Verbesserungspotential!

Den Kolleginnen und Kollegen in der Physiotherapie muss ich hier ein großes Kompliment aussprechen! Es gelingt ihnen durch unterschiedlichste Behandlungsansätze, meine grobmotorischen und konditionellen Fertigkeiten deutlich zu bessern und sie geben mir, genau wie die Ärzte, das Gefühl, mit meinen Schwierigkeiten wahrgenommen zu werden. Fahrradergometertraining, Gymnastik in der Herzgruppe, Reizstromtherapie für meine schwache Oberschenkelmuskulatur und Zirkeltraining sind weiterhin meine täglichen Begleiter. Dank Corona darf ich nicht ins Therapiebecken, obwohl ich mir gut vorstellen könnte, dass die Kombination aus hydrostatischem Druck, Auftriebs- und Widerstandskraft des Wassers in Kombination sehr hilfreich wären. Einzig in der Hydrotherapie bin ich froh, aus eigener Kenntnis als Masseur und medizinischer Bademeister/Physiotherapeut das Vierzellenbad abgelehnt zu haben, es hätte mich wahrscheinlich das Leben gekostet. Wenn Unterarme und Unterschenkel in Wasserwannen liegen, von denen aus Strom durch den Körper geleitet wird, dann gefällt das keinem Herzschrittmacher! Es ist daher kontraindiziert! Mit den Beinen bin ich einverstanden, kann aber nicht nachvollziehen, wie einem Schrittmacherpatienten ein Vierzellenbad verordnet werden kann, aber manches muss man nicht verstehen, die Kollegin (Masseurin) akzeptiert offensichtlich verständnislos meine Weigerung, aber egal! Ihre Worte: „Wenn Sie das nicht machen wollen, dann lassen wir das eben." Ohne Kommentar.

Durch die Trennung von zu Hause fühle ich mich einsam und erkenne die Möglichkeiten, per Smartphone mit meiner Frau mehrmals täglich in Kontakt zu treten. Außerdem reaktiviere ich Kontakte mit lieben Menschen, von denen ich weiß, dass sie sich Sorgen um mein Wohlbefinden machen. Von meiner Frau oder aus der nebenbei auf Schmalspur weiterlaufenden Praxis erfährt niemand so recht, wie es um mich steht und ob überhaupt Hoffnung auf ein Wiedersehen besteht. Meine liebe Frau sucht mich nach etwa zwei Wochen auf, um meinen Wäschevorrat zu tauschen und ich genieße das heimliche Treffen mit ihr. Sie bringt mir auch meinen Laptop, was mich noch aktiver kommunizieren lässt. Beim Einsortieren der Wäsche in den Schrank mache ich eine frustrierende Erfahrung: Die Kraft meiner Schultern ermöglicht es mir nicht, mehr als ein einziges Oberteil anzuheben, ich breche vor dem Schrank in Tränen aus. Auch da ist noch Luft nach oben!

Mein Heftchen mit dem monatlich erscheinenden Logik-Trainer hat mir meine herzallerliebste Doris auch mitgebracht. In bekannter Manier versuche ich mich an einfachsten Rätseln. Da macht mir meine rechte Hand einen Strich durch die Rechnung, Schreiben geht gar nicht. Ich will aber, setze mich in Zugzwang und erwerbe ein paar Postkarten, um wenigstens zu zeigen, dass ich will, einen Ehrgeiz habe und versuche, wieder am Leben teilzunehmen. Das unter höchsten Anstrengungen verfertigte Schriftbild ist grausam, aber es ist ehrlich und entspricht einfach dem momentanen Stand der Dinge. Die Adressaten freuen sich sehr über diesen symbolischen Akt, ihnen ist aber durch das Gekrakel bewusst, in welcher Krise ich mich befinde. Was hatte ich doch für eine schöne Schreibschrift!

Das Stellen der Medikamente, wofür ich drei Tagestabletts habe, wird zur Herausforderung. Anfangs benötige ich etwa eine Stunde, um die Tabletten aus ihren Verpackungen in die richtige Aussparung zu befördern, eine feinmotorische Herausforderung mit Anfällen von Verzweiflung, wir sprechen hier von etwa acht täglichen Tabletten! Jetzt verstehe ich die Bedeutung des Begriffs „Reha" besser: sich selbst wieder organisieren lernen!

Die Weihnachtsfeier in der Klinik bringt mich emotional auf einen Tiefpunkt. Zum einen wird mir durch den veranstaltenden Musiker mit seiner Violine bewusst, dass ich aus der aktuellen Situation heraus wohl nie mehr mein Instrument werde spielen können. Dass ich gelernter Streichmusiker bin, sei hier am Rande erwähnt. Zum anderen spielt er ein bekanntes Stück aus einem verfilmten Märchen, das mich an die Zeit erinnern lässt, als ich mit meiner Frau Doris an einem Tanzkurs teilgenommen habe, wo auf dieses Musikstück ein Wiener Walzer getanzt wurde. Die Option, jemals wieder tanzen zu können, ist zu dieser Zeit überhaupt nicht vorstellbar, ich kann mich gerade etwa 20 Schritte ohne Rollator auf den Beinen halten.

Die Wege in der Klinik sind weit und ich getraue mich bis zu meiner Entlassung nicht, ohne Rollator unterwegs zu sein, weil ich mir nicht sicher bin, ohne ihn wieder zurückzukommen. Frustrierend! Am zweiten Weihnachtsfeiertag bekomme ich Besuch von Frau und Kindern im VW-Bus, herrlich, zu fünft am Klapptisch sitzen zu dürfen, mit Kaffee und Plätzchen, mit einer weihnachtlichen Tischdecke und mit brennender Kerze! Ich fühle mich großartig! Jan-Philip hat eine gute Flasche Scotch aus meinem Depot mitgebracht und ich genieße ein kleines Gläschen. Es fehlt nur eine Standheizung für den Bus, sonst ist alles perfekt! Die Eiseskälte zwingt uns zu früh zum Abschiednehmen.

Nach insgesamt vier Wochen und einem einsamen Silvester beschließe ich, die Reha zu beenden. Die Chefärztin würde mich in meinem Zustand noch weitere fünf Wochen behalten wollen, aber ich habe einfach keine Lust mehr. Die ganze Coronaisolation tut ein Übriges, Masken, Abstand, im Speisesaal sitzen alle Patienten isoliert an Einzeltischen mit gleicher Blickrichtung. Anfänglich bekomme ich meine Speisen nach Wunsch an einen Tisch geliefert, am Ende platziere ich meinen Rollator am Einzeltisch, belade mein Tablett selbst und trage es zu meinem Platz. Mein morgendlicher Blutdruck hat sich stabilisiert von 90/55 mmHG (fast gestorben) auf 105/65 (fast normal) und die regelmäßige Einnahme von Marcumar führt zu stabilen Gerinnungswerten und das Vorhofflimmern ist verschwunden. Ich habe nun das Gefühl, die an mir geleisteten Maßnahmen auch selbst in die Hand nehmen zu können und die vielen Treppenstufen in unserem Haus sehe ich als willkommenes Trainingsterrain.

# Zeit der Neuorientierung

Endlich wieder zu Hause!

Meine Familie empfängt mich mit einer unglaublichen Herzlichkeit und alle Mitmenschen, mit denen ich in Kontakt trete, sind wie ich selbst den Tränen nahe und versichern mir ihre Freude, mich wieder zurück begrüßen zu dürfen. Zu meinem bisherigen Hausarzt habe ich das Vertrauen verloren, er hatte mir gegen meine massive Müdigkeit und Kraftlosigkeit ein Nasenspray und einen Inhalator verordnet.

Meine Mutter ist die erste Besucherin, die mich mit einem Blumenstrauß begrüßt und mich nach der langen Zeit herzlich in die Arme nimmt.

Mein Fokus gilt ab jetzt der Fortsetzung der Rehamaßnahmen und ich melde mich in einem Fitnessstudio an, das das von mir gewünschte Beckenbodentrainingsgerät anbietet, was ich unbedingt, auch wenn man noch keine Probleme hat, dringend empfehlen kann. Seitdem versuche ich, zweimal die Woche dieses Studio aufzusuchen. Die ersten Trainingswochen verlaufen zäh und ich habe nicht das Gefühl einer Besserung. Nach einigen Monaten ändert sich das und mittlerweile habe ich fast Entzugserscheinungen, wenn es terminlich einmal nicht klappt! Allmählich füllen sich die Hautlappen an Armen und Beinen wieder mit Muskulatur und ich bin wieder in der Lage, meinen Oberkörper aufrecht zu halten. Aber es geht unheimlich zäh! Meine lieben Mitarbeiterinnen scheinen sich sehr über ihren aus der Ungewissheit „auferstandenen" Chef zu freuen und ich bin gerührt über die große Anzahl an Patientinnen und Patienten, die mir vor Wiedersehensfreude um den Hals fallen. Das bestärkt frühzeitig meinen Wunsch, wieder ins Praxisgeschehen einzusteigen. Alle versuchen, mich zu bremsen und mir noch mehr Auszeit zu gönnen, aber mein innerer Drang, wieder aktiv in meine Arbeit einsteigen zu können, gewinnt die Oberhand. Ich liebe meinen Beruf! Zwar bin ich anfänglich noch als zeitlich flexibler Patient bei meinen Therapeutinnen eingeteilt, aber als ich portionsweise meine Tätigkeit wieder aufnehme, stellt auch meine Frau fest, dass mir das Arbeiten enormen Auftrieb verschafft, es ist einfach mein Leben!

Manchmal komme ich mir mit den Problemstellungen und Schwächen recht exotisch vor, weder im Klinikum noch bei der Reha habe ich Patienten mit vergleichbaren Krankheitsgeschichten treffen können. Auch vermute ich, dass der von mir aufgesuchte Kardiologe und mein neuer Hausarzt kaum vorher mit ähnlichen Krankheitsgeschichten konfrontiert waren. Offensichtlich arrangiert man sich mit Fällen, die es im Grunde gar nicht gibt und kann aber auch keine verlässliche Prognose abgeben. Vielleicht wird auch damit gerechnet, dass ich sowieso kein Jahr mehr leben werde. Niemand kann mir verlässliche Auskünfte geben, einzig die Haltbarkeit des Schrittmachers und die geschätzte Lebenserwartung der Bioprothesen der Herzklappen geben mir Zeiten vor. Mein neuer Hausarzt hat mich allerdings stark motiviert, indem er mir noch deutliche Zustandsverbesserungen in Aussicht gestellt hat! Ansonsten fühle ich mich etwas allein gelassen mit meinen Symptomen, da ich mich selbst um die weitere Rehabilitation kümmern darf.

Sobald ich vom Sitz aufstehe, wird mir schwindelig und ich benötige einen Moment, um wieder klar zu werden. Für einen Therapeuten ist das ein Desaster, also sehe ich das Sammelsurium der täglich einzunehmenden Medikamente durch und stoße dabei auf einen Beta-Blocker. Da ich sowieso auf Wunsch meines Kardiologen regelmäßig Blutdruck messe, probiere ich aus, was passiert, wenn ich dieses Medikament weglasse. Der Blutdruck reguliert sich sofort auf einen Durchschnittswert von 125/85 mm HG! Bei meinem nächsten Kontrollbesuch beichte ich und bekomme ganz selbstverständlich die Zustimmung des Arztes. Mein Hausarzt meint ergänzend, da könne ich ja auch auf die Entwässerungsmittel verzichten, also. Wäre ich nicht von selbst darauf gekommen, hätte ich diese Medikation vielleicht noch über Jahre beibehalten dürfen. Von dem Schwindel bin ich seither geheilt!

Ein Beispiel für ärztliche Hilfestellung sei hier angeführt: Ein hiesiger HNO-Arzt, dem ich für hilfreiche Tipps wegen einer anderen Problematik sehr dankbar bin, der mich aber unbedingt mit einer Schlafmaske im Bett sehen wollte, war meine Anlaufstelle wegen Hörproblemen, die ich seit dem ständigen Maskentragen und rechts speziell wegen der Batterie an Infusionsweichen am Hals hatte, deren intensiver faszialer Zug mich weiterhin begleitete. Hatte er mir nicht richtig zugehört, konnte er nicht, wollte er nicht oder was auch immer. Jedenfalls bekam ich einen Vortrag über die Sinnhaftigkeit frühzeitiger und kompetenter Versorgung mit Hörgeräten, um soziale Isolation bei Schwerhörigkeit zu vermeiden. Ich hätte aus Überzeugung jedes Wort unterschreiben können, aber mir war das keine Hilfe. Wir behandeln das Faszienproblem mittlerweile erfolgreich in meiner Praxis.

Für die noch latenten Sensibilitätsstörungen in meiner rechten Hand hat sich die Arbeit als Physiotherapeut sehr bewährt! Ich habe das Gefühl, jede von mir durchgeführte Behandlung ist auch therapeutisch für mich wertvoll!

Mein Arbeitsversuch umfasst nach anfänglich zwei jeweils knapp vier Stunden an vier Tagen in der Woche. Nach jedem Arbeitseinsatz bin ich platt und brauche umfangreiche Schlafstunden, um wieder fit zu werden. Ob sich die Aktivitätsphasen noch steigern lassen? Da bin ich mittlerweile recht zuversichtlich.

Von Zeit zu Zeit entgleist mir der Blutdruck und dann ist mein Schrittmacher gefragt, mich wieder auf Kurs zu bringen. Begleiterscheinungen sind Schwindel und Gangunsicherheit, vor allem nach längeren Bewegungspausen. Da hat sich noch nicht so viel verändert.

Auch die Schmerzen im Becken, also im Bereich der Iliosakralgelenke bestehen immer noch nach „längeren" Spazierwegen. Da wäre wahrscheinlich der Rollator von Nutzen, aber den habe ich seit meiner Rückkehr von der Reha in die Garage verbannt, wo er auch hoffentlich so lange vor sich hin rosten soll, bis ich ihn eines Tages feierlich entsorge! Ein Stabilisationsgurt hilft mir beim Gehen, er hält das Becken von außen, drückt es zusammen und bringt passiv die nötige Stabilität für beschwerdearmes Gehen. Ansonsten muss ein Schmerzmittel herhalten, um mich zu unterstützen!

Depressionen, wie ich sie vorher nur selten hatte, fallen mich fast täglich hinterhältig und massiv an. Dann laufen die Tränen, ich fühle mich hilflos und habe das

Gefühl, ich stürbe. Meine Steuerung erlahmt und ich muss warten, bis der Anfall vorüber ist. Aber ich will noch nicht sterben! Es entbrennt in mir ein Ehrgeiz und mir wird bewusst, dass es doch einen Sinn haben müsse, dass ich die beschriebene kritische Klinikphase vertikal überstehen durfte. Anscheinend wohnt trotzdem ein Kämpfer in mir, der mich am Leben hält. Manchmal kommen Gedanken auf, die so absurd sind, dass man sie schon wieder für plausibel halten könnte. Gibt mir das erhaltene Fremdblut etwa Impulse oder beeinflusst es mich? Habe ich vielleicht die Möglichkeit, noch zehn oder mehr Jahre zu leben und kann ich dann rückblickend das hier Geschriebene noch um einen weiteren Erfahrungsschatz ergänzen?

Ich weiß es nicht. Außerdem ist mir nicht ganz klar, inwieweit man mir von ärztlicher Seite überhaupt ehrlich eine Perspektive einräumt oder man davon ausgeht, dass ich sowieso nicht mehr viel Zeit vor mir habe und es aber weder meiner Frau noch mir offen sagen will, um mich nicht zu entmutigen! Oder laufe ich als Versuch, damit man zukünftig ähnlich betroffenen Patienten Informationen aus meiner Erfahrung weitergeben kann?

Auf alle Fälle werde ich so gut ich kann mein weiteres Leben genießen und strebe an, an dieser Stelle eine Fortsetzung verfassen zu können!

Nachdem es keine konkreten Nachbehandlungsschemata für Fälle wie mich zu geben scheint, habe ich versucht, im letzten Kapitel **Therapietipps** Vorschläge zu unterbreiten, mit welchen Verfahren unterstützend gearbeitet werden könnte.

# Einweisungsdiagnosen der Herzklinik
[mit vereinfachter Übersetzung]

- Aortenklappen- und Mitralklappenendokarditis (Streptococcus agalactiae) mit sekundärer hochgradiger Aorten- und Mitralklappeninsuffizienz und pulmonaler Hypertonie [Entzündung zweier Herzklappen durch einen Erreger aus der Mundflora, Lungenrückstaudruck]
- V.a. septische Streuung cerebral und vertebral bei armbetonter Parese links [wegen Lähmungserscheinungen Vermutung einer weiteren Verbreitung des Erregers auf Gehirn und Wirbelsäule]
- Zustand nach oligo-anurischem Nierenversagen [kein Harn wird mehr ausgeschieden]
- Perioperativ: Sick-Sinus-Syndrom mit SA-Blockierungen und Asystole am 4. Tag nach OP [Massive Fehlfunktion des körpereigenen Impulsgebersystems]
- Postoperativ: Paroxysmales Vorhofflimmern [ungeordnete Aktivitäten der Herzvorhöfe]

## Operationen

- Aortenklappenersatz mit Implantation einer biologischen Prothese (vom Schwein)
- Mitralklappenersatz mit Implantation einer biologischen Prothese (vom Schwein)
- Implantation eines Zweikammerschrittmachers mit Defibrillator und Recorder

# Auszug aus der Entlassungsanzeige der Herzklinik

Mehrfachnennungen entsprechen den Unterlagen und weisen auf wiederkehrende Erkrankungserscheinungen hin!

**Beatmungszeiten 275 Stunden**

- Akute und subakute Endokarditis
- Linksherzinsuffizienz
- Hypostatische Pneumonie
- Akutes Nierenversagen
- Aortenklappeninsuffizienz
- Pleuraerguss
- Lungenkollaps
- Akute respiratorische Insuffizienz
- Vorhofflimmern, permanent
- Mitralklappeninsuffizienz
- Sick-Sinus-Syndrom
- Hämorrhagische Diathese
- Vorhofflimmern
- Akutes Nierenversagen
- Mechanische Komplikation durch Implantate im Herzen [die Schraubverbindung des Schrittmachers hatte sich gelöst]
- Lungenkollaps
- Herzstillstand mit erfolgreicher Wiederbelebung
- Spezielle Verfahren zur Untersuchung auf infektiöse oder parasitäre Krankheiten

- Herzstillstand mit erfolgreicher Wiederbelebung
- Vorhofflimmern
- Lungenkollaps
- Mechanische Komplikation durch Implantate im Herzen
- Akutes Nierenversagen
- Akute respiratorische Insuffizienz
- Sick-Sinus-Syndrom
- Vorhofflimmern
- Akutes Nierenversagen
- Herzstillstand mit erfolgreicher Wiederbelebung
- Sick-Sinus-Syndrom
- Lungenkollaps
- Akute respiratorische Insuffizienz
- Linksherzinsuffizienz mit Beschwerden bei leichter Belastung, Pleuraerguss
- Transfusion von Vollblut, Erythrozytenkonzentrat und Thrombozytenkonzentrat
- Endotracheale Intubation
- Ersatz von Herzklappen durch Bioprothese: Aortenklappe
- Ersatz von Herzklappen durch Bioprothese: Mitralklappe
- Transfusion von Vollblut, Erythrozytenkonzentrat und Thrombozytenkonzentrat
- Implantation eines Herzschrittmachers, Defibrillators und Ereignis-Rekorders
- Anlegen einer Maske zur maschinellen Beatmung
- Legen und Wechsel eines Katheters in zentralvenöse Gefäße
- Mechanische Komplikation durch Implantate im Herzen
- Vorhofflimmern, permanent

- Transfusion von Plasmabestandteilen und gentechnisch hergestellten Plasmaproteinen, Fibrinogen
- Entfernung, Wechsel und Korrektur eines Herzschrittmachers und Defibrillators, Sondenkorrektur
- Kardiale und kardiopulmonale Reanimation

# Zukunftsplanung

Man mag mich für verrückt halten, aber meine Pläne für die Zukunft nehmen immer mehr Gestalt an:

Zum einen möchte ich das hier Geschriebene in Buchform veröffentlichen. Ich hoffe auf große Resonanz mindestens in der Region, könnte mir aber auch Autorenlesungen in anderen Örtlichkeiten vorstellen, da ich eine gehörige Brisanz in mancher Thematik sehe.

Darüber hinaus werde ich ein für Kliniken in der Physiotherapie umsetzbares Therapiekonzept entwerfen, das zukünftigen Patienten jene Schädigungen erspart, die mir in der Intensivstation zugefügt wurden.

Mein schon so lange aufgeschobenes Rückenkonzept soll endlich fertiggestellt werden, um den Betroffenen und Gefährdeten eine praktikable Alternative zu den bestehenden Rückenschulen anbieten zu können. Dabei spielt auch die Beckenstabilität eine große Rolle, mit der ich ja mittlerweile auch dramatische Eigenerfahrung machen musste.

Wenn alles klappt, werde ich Anfang kommenden Jahres ein berufsbegleitendes Studium der Physiotherapie beginnen, ein akademischer Grad wäre wünschenswert!

# Ein Jahr später

Dieses Kapitel war ursprünglich für eine eventuelle Neuauflage gedacht, allerdings hat sich die Herausgabe dieses Büchleins durch meine eigene Trägheit deutlich in die Länge gezogen, aber vielleicht ist das gar nicht so schlecht! Auf diese Art und Weise kann ich den Weg des vergangenen Jahres noch strukturiert ergänzen:

Mein Seelenleben hat sich in den Vordergrund gespielt, mir werden viele Dinge bewusst, die ich in den letzten Jahren übersehen habe, vielleicht aus einem inneren Abstand heraus, und gleichzeitig bin ich hochsensibel für Assoziationen, die mich emotional wieder in den Keller fallen lassen.

Die Arbeit zieht mich einerseits wieder in ihren Bann, speziell Fälle mit Beckenbeteiligung und Gangstörungen behandle ich aus eigener Erfahrung inzwischen ganz anders als früher. Menschen mit Nahtoderlebnissen und Herzoperierten bin ich sehr nahe. Das ist einerseits faszinierend, andererseits spüre ich die nachlassende Kondition und frage mich, ob ich nicht eine noch längere Auszeit gebraucht hätte. Wahrscheinlich habe ich zu früh begonnen und kämpfe schon wieder ums Überleben. Da hilft mir der innere Abstand, die Reflexionsfähigkeit. Rückblickend schäme ich mich für die Vernachlässigung meines Vaters, der seine letzten Lebensmonate noch auf einer Wechseldruckmatratze verbracht hat, aber ich konnte meine Mutter einfach nicht mehr unterstützen, es hat jeder Besuch so weh getan und mich emotional und kräftemäßig auf null gesetzt. Man/frau verurteile mich, es ist mir egal, irreversibel, tut nur unendlich weh, aber ich kann es nicht rückgängig machen!

Dass sich mittlerweile mein Schwiegervater in einem desolaten Zustand befindet, ist die aktuelle Herausforderung meiner Frau Doris und mir. Stürze wegen Schwindels und Blutdruckwerte von 90/45 lassen uns hellhörig werden und wir kämpfen verbissen gegen die irrige Vorstellung, die medikamentöse Absenkung des Blutdrucks (mit bis zu vier Mitteln parallel) hätte etwas mit Verbesserung der Herzleistung und verbesserter Lebensqualität zu tun, das ist absurd! Fallängste und Depressionen in dem Bewusstsein, nichts mehr leisten zu können, das ist die Realität! Davon kann ich selbst ein Lied singen, denn meine eigene Reha hat mich mit ähnlichen Blutdruckwerten offensichtlich auf die Probe stellen wollen. Man weiß nicht, wo man steht und was noch gehen wird, soll man stolz auf das Erreichte sein, so wenig es auch ist, oder ist noch Luft nach oben und wenn, dann wie viel? Eine ganz grausame Situation!

Nachdem ich wieder ein Buch von Dr. Ulrich Strunz in die Hände bekommen habe, das den Titel „Stresswegbuch" trägt (wahlweise mit langem oder kurzem „e" in „Weg", macht beides Sinn!), habe ich mich in der Entstehung meines Burnout voll wiedergefunden. Ob im Gewichts-„Tsunami" oder dem Fatigue-Syndrom, dem verhältnismäßig zügig überstandenen Pfeifferschen Drüsenfieber, überall fand ich mich voll verstanden und ließ mir vom Hausarzt ein Aminogramm und eine Analyse meines Vitaminspeichers erstellen. Ausrutscher, auf die ich mich gefreut hätte, um Defizite durch Nahrungsergänzungsmittel schnell auffüllen zu können – Fehlanzeige!

Eine einzige essentielle/nichtessentielle Aminosäure war leicht unter Toleranzwert, keine klare Aussage, schade. Wir werden sehen, was sich da machen lässt. Ich werde auf alle Fälle die defizitäre Substanz als Nahrungsergänzungsmittel besorgen, die Beschreibung ihrer Aufgaben im Körper lässt mich hoffen.

Dafür kommen jetzt die unmittelbaren Erinnerungen an die Zeit vor einem Jahr emotional an die Oberfläche, abscheulich!

Die betriebliche Weihnachtsfeier der Praxis findet dieses Jahr statt, letztes Jahr war niemand imstande gewesen, auch nur entfernt an Feiern zu denken, der „Leithammel" war ja auf Reha und die Lage noch ungewiss. Die Zeit bis Weihnachten, noch eine Woche, quält mich mit Endzeitstimmung. Zum einen erinnere ich mich ganz deutlich an meinen Zustand vor einem Jahr, andererseits müsste ich im Grunde froh und stolz darauf sein, wie es mir im Vergleich dazu jetzt geht!

Dann trifft mich wieder ein emotionales Tief, das Gefühl, jetzt sei der Moment des Sterbens gekommen. Tränen fließen, eine innere Wut und Kampfeslust ums Überleben! Dann schreibe ich an diesem Büchlein und komme zur Ruhe.

Weiterhin befindet sich mein Schwiegervater in der beschriebenen Situation, die mich traurig macht, und die Hilflosigkeit, mit der wir beobachten müssen, wie Menschen, mit bestem Gewissen ärztlicherseits, gequält werden, das lächerliche Hirngespinst des Damoklesschwerts missbraucht, um auf die Gefahr einer Hirnblutung bei hohen Blutdruckwerten zu verweisen, es ist nur absurd! Und mit Lebensqualität hat das gar nichts zu tun – ich könnte zum Berserker werden!

Daher ein Ratschlag für alle, die selbst betroffen sind oder Betroffene betreuen: Bewahren Sie Ihren gesunden Menschenverstand, denken Sie nach, bevor Sie sich von der Medizinmaschine überrollen lassen. Stellen Sie Selbstverständlichkeiten auf den Prüfstand und vor allem: Fragen und beobachten Sie Ihren Körper, schauen Sie, was er will, was Sie vielleicht selbst verbessern können, ob die Funktionsstörungen einen Sinn haben und ob invasive Maßnahmen tatsächlich positiven Einfluss auf die normalen Körperfunktionen ausüben und bleiben Sie gesund!

# Therapietipps

Als Therapeut kann ich nicht aus meiner Haut heraus. Folglich möchte ich verordnenden Ärzten, Kollegen der Physiotherapie oder Ergotherapie sowie anderen ambitionierten Kolleginnen und Kollegen Anregungen aus dem Erlebten heraus geben, die mir selbst bei der Aufarbeitung meines Zustandes hilfreich waren. Die Aspekte erheben keinesfalls den Anspruch auf Vollständigkeit, sie sollen nur hilfreich sein!

**Isometrie:** Immer und überall anwendbar, für Rumpfstabilisation, Kräftigung der Extremitäten, **PSF** zur Unterstützung des Gangapparates und der physiologischen Aufrichtung, **IRT©** zum strukturierten raschen Muskelaufbau

**Beckenbodentraining** nach Cantienica© oder Seuß©, ergänzt durch das **excio©-Beckenbodentrainingsgerät**, enorm wichtig, um von einer Beckenstabilität aus weiteres Training überhaupt erst realisieren zu können

**Klassische Massagetherapie:** Zur Lösung von Verklebungen im Gewebe, später als **Faszientherapie** oder/und **BgM**, auch zur Förderung der Haut- und Propriosensorik

**PNF**: Geniale Ansätze für Overflow, ob Mattentraining, Rumpf- oder Extremitätenpattern

**Brunkow:** Spannung in die Physiologie

**Spiralstabilisation nach Dr. Smisek:** Allroundkonzept, gut für Eigenübung geeignet

**APM** für die Narben, Spannungsausgleichmassage, kleiner Kreislauf, alles tut unendlich gut!

**Bobath**, falls noch nötig

**Wassergymnastik:** Durch das Zusammenwirken von hydrostatischem Druck, Auftriebskraft und Wasserwiderstand eine faszinierende Möglichkeit, mit unterschiedlichsten Übungen die Defizite zu therapieren!

**Und etliche andere ...**

# Der Autor

Holger Seuß, Jahrgang 1964, kam im oberfränkischen Kulmbach zur Welt, wo er bis heute lebt. Nach dem Abitur studierte er erst Germanistik und Anglistik, dann Musik mit dem Hauptfach Bratsche, was ihm viele freudvolle Erinnerungen bescherte. Jahre der gehobenen Laienmusik folgten. Schließlich entschied er sich gegen das Berufsmusikertum und für eine Ausbildung zum Masseur und med. Bademeister. Es folgten eine leitende Lehrtätigkeit und dann die Nachqualifikation zum Physiotherapeuten. Nach schier unzähligen Fortbildungen und dem Studium der Osteopathie machte er sich vor fast 25 Jahren als Therapeut selbständig. Auch privat interessiert sich Holger Seuß lebhaft für medizinische Fragen und Problemanalysen zum Wohle seiner Patienten. Seit mehr als 40 Jahren ist er mit seiner Frau Doris zusammen, mit der er drei inzwischen erwachsene Kinder hat.

**novum** VERLAG FÜR NEUAUTOREN

# Der Verlag

> *Wer aufhört besser zu werden, hat aufgehört gut zu sein!*

Basierend auf diesem Motto ist es dem novum Verlag ein Anliegen, neue Manuskripte aufzuspüren, zu veröffentlichen und deren Autoren langfristig zu fördern. Mittlerweile gilt der 1997 gegründete und mehrfach prämierte Verlag als Spezialist für Neuautoren in Deutschland, Österreich und der Schweiz.

**Für jedes neue Manuskript wird innerhalb weniger Wochen eine kostenfreie, unverbindliche Lektorats-Prüfung erstellt.**

Weitere Informationen zum Verlag und seinen Büchern finden Sie im Internet unter:

www.novumverlag.com